Norbert Golluch
Rolf Kutschera

QUATSCH-HOROSKOP

Die pingelige Jungfrau
24. August – 23. September

Eichborn Verlag

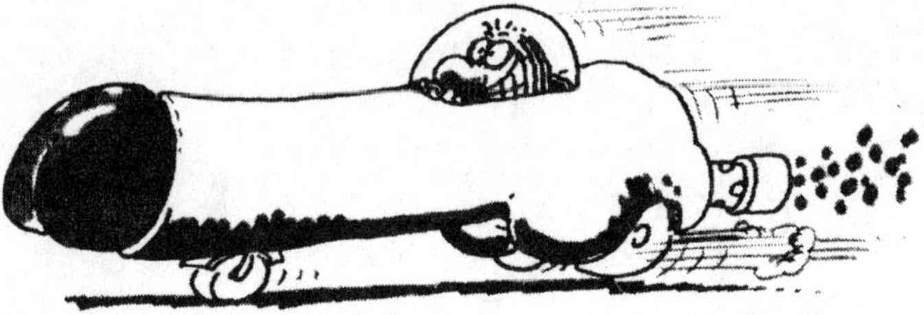

CIP-Kurztitelaufnahme der Deutschen Bibliothek:

Golluch, Norbert:

Quatsch-Horoskop / Norbert Golluch ; Rolf Kutschera. –
Frankfurt am Main: Eichborn
Die pingelige Jungfrau. – 1990
ISBN 3-8218-2025-X

1. Auflage, September 1990

Cover: Uwe Gruhle. Satz und Umbruch mit PC: Wolfgang Spindler.
Druck: Uhl, Radolfzell.
ISBN 3-8218-2025-X
Verlagsverzeichnis schickt gern:
Eichborn Verlag, Hanauer Landstr. 175, D–6000 Frankfurt/M. 1

Die pingelige Jungfrau

24. August – 23. September

Das Element: Erde
Das Gestirn: Merkur
Die Stärken: Unterscheidungsvermögen, Ordnungssinn, Dienstleistung
Die Schwächen: Nörgelei, Pedanterie, Überheblichkeit, Besserwisserei
Das Motto: »Ich analysiere!«
Die magische Pflanze: der künstliche Weihnachtsbaum; außerdem: Petersilie, Kümmel, Dill, Majoran, Sagrotan, Hirse
Die magische Farbe: Blau
Die magische Zahl: Fünf
Die ideale Wochentag: Mittwoch
Der Vokal: »i« (»...**igittigitt!**«)
Der edle Stein: Rauchtopas (weshalb denn nicht besser ein Nichtraucher-Topas?), Beryll, Jaspis
Der ideale Name: Männliche Jungfrauen heißen Michael, Heinz-Herbert oder Uwe. Weibliche Exemplare nennen sich am besten Johanna, Greta oder Sieglinde.

Der Standardtyp: Schlank, hängende Schultern, viel zu lange Arme, ovales Gesicht, kleines Kinn, Haarausfall, hektische Gestik und brennender Blick – richtig, Jungfrauen erinnern in ihrem Aussehen an den irren Professor aus dem »Tanz der Vampire«.

Aber lassen Sie sich nicht täuschen – die meisten Jungfrauen sehen heutzutage ganz anders aus und verbergen ihr wahres Ich hinter einer harmlosen Maske – alles Tarnung!

DER CHARAKTER DER JUNGFRAU

Gewissenhaft, kritisch, sorgfältig, verschwiegen, zuverlässig, hilfsbereit, verständnisvoll – die Liste der guten Eigenschaften, die Jungfrauen sich selbst zuschreiben, ist lang. Angehörige anderer Tierkreiszeichen merken wenig davon. Sie sehen diesen Tierkreis anders: Jungfrauen stellen das Kontingent der Malocher und Fachidioten unter jedem Sternenhimmel.

Arbeit geht Jungfrauen über alles, ist ihnen das Salz des Lebens. Ständig sind sie auf der Suche nach Wissen, um die (mageren) Kräfte ihres Verstandes zu stärken.

Jungfrauen glauben, intelligent und praktisch veranlagt zu sein, wissen aber damit nichts Rechtes anzufangen und stellen deshalb oft den größten Schwachsinn an. Wenn jemand irgendwo die Haare auf dem Kopf eines Schimpansen zählt, das Wachstum einer Schlangengurke über vierzehn Monate fotografisch dokumentiert oder die haltlosesten Wahlprognosen aufgrund der Befragung dreier repräsentativer Bundesbürger abgibt, ist dieser Jemand mit Sicherheit Jungfrau.

Nicht zu Unrecht mißtrauen viele Jungfrauen den eigentümlichen Fähigkeiten und Veranlagungen

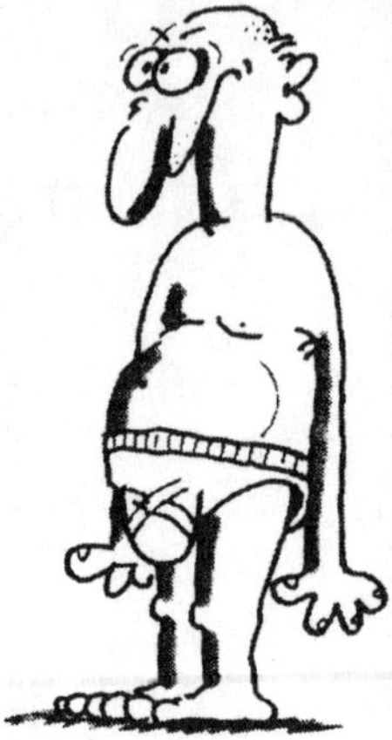

ihres überakribischen Intellekts, streben nach höherer Vergeistigung und fallen dabei oft den obskursten Kulten in die Hände. Wenn ein Computerwissenschaftler in seiner Freizeit Flugstunden bei Yogi Wami Gaga Oloba Hundi nimmt oder satanistische Séancen in seinem Partykeller abhält, ist er mit Sicherheit Jungfrau.

Andererseits schaffen Jungfrauen gern Ordnung im Chaos, wobei Chaos alles das ist, was ihrer kleingeistigen Vorstellung von Ordnung nicht entspricht; sie unterziehen die Welt einer mikroskopisch genauen Analyse, was sie oft Wochen und Monate unglaublicher Ineffektivität kostet. Sollten Jungfrauen in die Politik geraten, berufen sie mit Vorliebe Untersuchungsausschüsse zu absoluten Randthemen ein, die jahrhundertelang tagen, nur um festzustellen, daß die vorgegebene Problemstellung unangebracht war. Jungfrauen sind so peinlich sorgfältig, penibel, verbissen bis ins Detail, daß sie den Gesamtzusammenhang völlig aus den Augen verlieren und zu nervenden Haarspaltern und Korinthenkackern werden. Ihre Nörgelsucht, Überheblichkeit und Besserwisserei kann sprichwörtlich sein.

In der Einschätzung ihrer Mitmenschen sind Jungfrauen ein leuchtendes Beispiel an Intoleranz. Sie begreifen z. B. überhaupt nicht, wenn jemand nicht wie ein Geisteskranker malocht – in ihren Augen ist ein solcher Mensch ein fauler Penner.

Apropos Toleranz: Auffallend viele Jungfrauen-Typen sind aggressive Nichtraucher und prophetisch-bekennerische Vegetarier.

DER LEBENSLAUF DER JUNGFRAU

Jungfrauen leben von Geburt an in jeder Hinsicht auf Diät. Vorsicht ist das Grundmotiv ihrer Lebensführung. Schon Jungfrau-Kinder spielen Fußball aus Angst vor Verletzungen nur in der Ritterrüstung und legen den Schulweg nur mit zwei Bodyguards zurück – es finden sich immer ein paar doofe, aber starke Klassenkameraden für diesen Job. Einmal erwachsen, ändert sich diese Grundeinstellung keineswegs. Nichts geschieht ungeplant – Unternehmungen und Verabredungen werden über Monate hinweg vorbereitet, Risiken

soweit wie irgend möglich ausgeschlossen. Wenn eine Jungfrau abends in die Kneipe gehen will, sichtet sie bereits am Morgen den Stadtplan, den Wetterbericht und die Kriminalstatistik der letzten drei Jahrzehnte.

Das zweite Grundmotiv in der Lebensführung der Jungfrau ist Hygiene. Es sind Jungfrauen, die im Haushalt unentwegt putzen, staubsaugen, wischen und polieren, bis der Teppichboden kein einziges Haar und die Schrankwand kein Blättchen Lack mehr besitzt. Nicht genug: Millionen

von Jungfrauen verspritzen und versprühen alljährlich Tausende von Kubikmetern SAGRATON oder anderer Desinfektionsmittel, so daß jede Mikrobe im Umkreis von Lichtjahren lieber freiwillig die

Koffer packt und emigriert. Jedenfalls für den Augenblick.

DIE GLÜCKLICHEN JAHRE

der Jungfrau liegen zwischen dem 60. und dem 64. Lebensjahr – alten Jungfern geht es offensichtlich besser als jungen Jungfrauen.

JUNGFRAUEN IM BERUF

Ihre nervende Gründlichkeit prädestiniert Jungfrauen zu zahlreichen Berufen, deren Namen normale Menschen in der Öffentlichkeit nur hinter vorgehaltener Hand erwähnen. Jungfrauen werden mit Vorliebe Finanzbeamte, Buch- und Steuerprüfer, Bankbeamte in der Kreditabteilung, Versicherungsdetektive und Gerichtsvollzieher.

Jungfrauen mit akademischem Abschluß ergreifen mit Vorliebe aufgeblasene Pädagogen-Berufe: Lehrer, Professor, Studienrat, Schulrat. Niemand nervt seine Schüler oder Studenten so gründlich und akribisch wie ein Jungfrau-Pädagoge. Als Kindergärtnerinnen ruinieren Jungfrauen das Seelenleben ihrer Mitmenschen schon von klein auf.

Auch als Gelehrte, ätzende Kritiker oder nervensägende Herausgeber überflüssiger Buchreihen fallen Jungfrauen über ihre Mitmenschen her. Sie verstehen es bestens, andere bis aufs Blut zu nerven und sie zur Arbeit anzutreiben, während sie selbst den großen Überblick zu haben glauben. Es sind Jungfrauen, die als Atomphysiker die Fachwelt mit immer neuen Weltformeln etwa folgender Qualität überraschen:

W(elt) = PVC2 + 3 ADAC × 24 GAGA (FCKW)3

So traurig dieses Machwerk ist; es genügt, um die »Fachwelt« zu verblenden. Wegen solch fragwürdiger Erfolge neigen Jungfrauen zu unglaublicher Selbstüberschätzung: Sie verwechseln ihren eigenen kleinen, haarspaltenden Verstand mit göttlicher Weisheit – und werden Rektor einer Universität oder Parteivorsitzender.

Besser als im akademischen Bereich sind Jungfrauen in dienstleistenden Berufen aufgehoben – sie sollten Taxifahrer, Hotelboy oder Mister-Minit-Schlüsselfachmann werden. Auch als Uhrmacher oder Feinmechaniker richten sie weniger Schaden an. Wie für Jungfrauen geschaffen, sind alle Computerberufe – Programmierer, EDV-Kaufmann, System-Berater oder Software-Spezialist. In der dusseligen Grübelglotze haben sie endlich jemanden gefunden, der so denkt wie sie selbst – über alle Maßen genau, ohne jedes Gefühl und oft in Schleifen.

Apropos Computer: Für ihre Mitmenschen im Arbeitsleben besonders unerträglich ist die Technik-Macke von Jungfrauen. Alles, was mechanisch, elektrisch oder besser noch elektronisch betrieben wird, zieht Jungfrauen magisch an. Stets muß das neueste Gerät, der neueste Computer, die neueste Maschine an ihrem Arbeitsplatz verfügbar sein. Sonst treten Jungfrauen – besonders Jungfrau-Männer – in den Streik. »Mit derartigem Schrott arbeitet ich nicht!« verkünden sie mit verächtlichem Blick auf das Vorjahres-Modell und machen ihre Ankündigung auch wahr.

Wenn sie dann ihren Willen durchgesetzt haben und z.B. der neue Computer endlich geliefert ist, versinken Jungfrauen in zumindest drei- bis vierwöchige technische Meditation, erkunden den letzten Winkel der Speicherchips, lernen das Handbuch auswendig und schlafen auf den Schaltplänen ihres geliebten Gerätes. Ihre laufende Arbeit muß in diesem Zeitraum selbstverständlich von jemand anders erledigt werden. Schließlich kämpfen Jungfrauen für die Sache des Fortschritts – wer wird es da wagen, sie mit Alltäglichkeiten aufzuhalten? Selbst wenn die Firma pleiteginge (vermutlich wegen der Jungfrau) und der neue Computer mit der übrigen Konkursmasse verkauft würde – Jungfrauen bleiben an der Tastatur kleben.

Der oben beschriebene Zustand technischer Faszination (bzw. Umnachtung) hält oft sogar Wochen, Monate oder Jahre an. Es soll schon vorgekommen sein, daß ein neues Modell auf dem Markt erschien, während die Jungfrau noch mit der Erkundung des alten beschäftigt war...

Für die Arbeitgeber noch ein Wort zur alltäglichen Präsenz von Jungfrauen im Betrieb: Gesundheitlich sind Jungfrauen scheinbar ziemlich anfällig. Immer wenn es Ärger im Büro gibt oder sie ihren Willen nicht durchsetzen können (neuer Computer usw.), kriegen sie Dünnschiß, Magenschleimhautentzündung, Migräne oder Fußpilz und melden sich krank. Anders gesagt: Jungfrauen machen mit Vorliebe

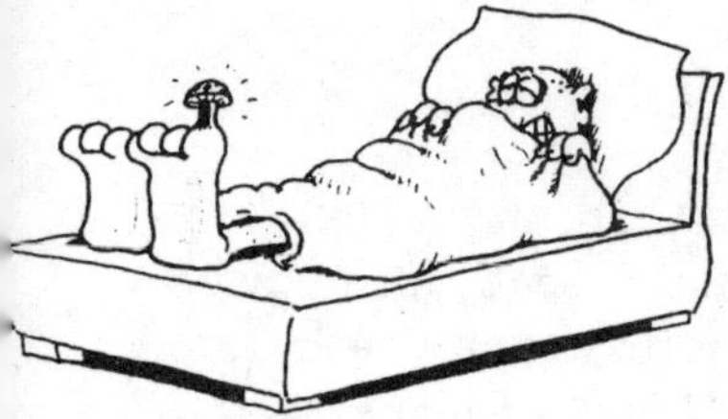

blau. Und das wochenlang. Andererseits hindert dieser Umstand sie nicht daran, als leitende Angestellte in der Personalabteilung – ein typischer Jungfrau-Beruf – ihre Untergebenen mit haarspalterischer Neugier zu überwachen oder gar zu bespitzeln. Echt nette Menschen, diese Jungfrauen!

DIE JUNGFRAU-KARRIERE

Klar, daß derart netten Menschen beruflich nichts in den Schoß fällt. Wer will schon dafür sorgen, daß ein solcher Korinthenkacker… pardon, ein derart qualifizierter Mitarbeiter ganz nach oben kommt? Sollte eine Jungfrau irgendwann einmal versehentlich einen Freund in der Firma gefunden haben, wird sie ihn garantiert schnell wieder los. Jungfrau-Typen sind so bescheuert, ihren eigenen Lobbyisten vor den Augen des Chefs ihre Fehler aufs Butterbrot zu schmieren – das hält die stärkste Lobby nicht aus.

Was Jungfrauen erreichen, verdanken sie sich selbst – wen wundert es, daß es meist nur eine Minimal-Karriere ist?

JUNGFRAUEN UND DAS GELD

Keineswegs locker sitzt das Geld, wenn eine Jungfrau es für jemand anders als für sich selbst ausgeben soll. Im Gegenteil: Jungfrauen sind so geizig, daß die Schotten gegen sie Verschwender sind. Andererseits lieben Jungfrauen das gute Essen, schätzen Bequemlichkeit und gute Kleidung. Sie dinieren also nur in feinsten Häusern, kaufen ausschließlich im besten Haus am Platz und die teuersten Markenartikel. Teuer muß auch gut sein. Dabei reden sie sich unentwegt ein, Sonderangebote und nie wiederkehrende Gelegenheiten zu nutzen.

Der Geschmack läßt allerdings merklich zu wünschen übrig. Sie tragen jahrelang fiese braune Strickjacken zur ätzenden Borkenstock-Fußschweiß-Sandale oder karierte Blusen in Paranoia-Braun zu großgeblümten Röcken in Sittenstrolch-Grün.

Zwar halten Jungfrauen sich für äußerst sparsam und haushälterisch, aber es findet sich immer eine Gelegenheit für eine kleine Ausnahme nach dem voll behämmerten Motto: »Man gönnt sich ja sonst nichts!« Faktum ist: Jungfrauen werfen ihr Geld mit vollen Händen aus dem Fenster. Wen wundert es, daß Jungfrauen ständig pleite sind und ihr Konto ausdauernd abgrundtief überzogen ist? Hin und wieder kriegen sie in der Tat schwere Sparanfälle und versuchen ihre Finanzen mit obskuren Briefumschlags-Systemen oder Computerprogrammen in den Griff zu bekommen, doch das hält nie lange vor. Da jeder noch so dumme Werbespruch in ihren Ohren wie Schwanengesang klingt, sitzt ihnen schon kurz darauf die Knete wieder mächtig locker.

JUNGFRAUEN UND IHR AUTOMOBIL

Auch hier mischt sich auf äußerst sympathische Weise die nüchterne Rationalität mit Ordnungsfimmel und Pingeligkeit. Allgemein gilt der erste Merksatz aller Jungfrauen beim Autokauf: »Deutsch Auto vill gutt!« Daß unterdessen gewaltige Aktienanteile »deutscher« Automobilfirmen fest in amerikanischer, arabischer oder gar japanischer Hand sind, stört die Jungfrau in diesem Vorurteil nicht. Japanische Autos sind schlecht verarbeitet und haben einen schlechten Wiederverkaufswert, rationalisiert die Jungfrau ihre Nationalgefühle. Amerikanische Autos sind Spritschlucker. Basta. Französische Autos sträuben sich wegen ihrer abenteuerlichen Konstruktion gegen jede Reparatur, und italienische Autos sind Rostlauben. Punktum.

Allerdings fallen bestimmte deutsche Fabrikate aus anderen Gründen für die Jungfrau flach: Zu teuer, zu angeberisch, zu schnell, zu sparsam, zu schmutzig. Letztendlich bleibt nur ein einziges Fahrzeug für Jungfrauen übrig: der VW Golf. Landwirtschaftlich motivierte Jungfrauen wählen gar die Dieselvariante. Echt öde.

Wer jetzt glaubt, alle Jungfrauen rasten im Golf oder Golf Diesel durch die Lande, hat sich geschnitten. Wie in allen anderen Dingen auch, wissen Jungfrauen in automobilen Fragen voll Bescheid – handeln allerdings ganz anders. Wenn Ihnen irgendwo ein Vollspießer mit Kassenbrille, Anzug von der

Stange und Zombie-Blick in einem 300-PS-Thunderbird-Cabrio auffällt, halten Sie ihn an und stellen Sie ihm ein paar Fragen zu seinem Auto. Er wird Ihnen sagen, daß er zum Sternzeichen Jungfrau gehört und Ihnen sicher absolut schlüssig belegen können, daß er das einzig optimale Fahrzeug fährt.

DIE SCHOKOLADENSEITEN

Welche Schokoladenseiten? Ach ja: Jungfrauen arbeiten so viel und so lange, daß sie über weite Zeiträume des Tages nicht in der Öffentlichkeit anzutreffen sind. Und das ist doch wenigstens was, oder?

DIE SCHATTENSEITEN

Die unglaubliche Besserwisserei der Jungfrauen kann Angehörige anderer Sternzeichen bis aufs Blut nerven. Jungfrauen schaffen es einfach nicht, das Maul zu halten, geben zu allem und jedem ihre unmaßgebliche Meinung ab und widersprechen schließlich noch auf dem Sterbebett dem Arzt, der ihren Totenschein ausstellt. 56% aller Schloßgeister sind hingerichtete Jungfrauen, die sich weigern, tot zu sein und es wieder mal besser wissen.

DER GROSSE HORROR

Horror Nr. 1: Einen Sack voller Flöhe hüten. Jungfrauen kriegen den kompletten Rappel, wenn ihnen der Überblick oder gleich der gesamte Durchblick verloren geht. Alles, was sie nicht analysieren, steuern oder in Form von Diagrammen darstellen können, macht sie panisch.

Horror Nr. 2: Improvisation. Jungfrauen leben ihr Leben nach einem 500-Jahres-Plan, der Tages-, Wochen- und Jahresablauf bis ins Detail bestimmt. Wenn eine Straßenbahn Verspätung hat oder die Milch überkocht, fällt ein Planungsgebäude für Jahrhunderte ein wie ein Kartenhaus. Wenn Sie Jungfrauen nerven wollen, sorgen Sie dafür, daß sie aus dem Tritt geraten. Die Folgen ergötzen Angehörige anderer Sternzeichen – wenn sie eine gewisse Lust an der Katastrophe verspüren.

JUNGFRAUEN UND IHRE GESUNDHEIT

Jungfrauen sind Großverbraucher von Desinfektionsmitteln. Jede Jungfrau hat in ihrem Leben mindestens 10.000.000.000.000 Mikroben, 75.000.000.000..000 Bakterien, 25.000.000.000 Viren und 265.000.000.000 andere Krankheitserreger auf teuflische Weise hinterrücks um die Ecke gebracht. Mikroben, Viren, Bakterien und alle anderen Krankheitserreger haben deshalb einen derartigen Haß auf Jungfrauen, daß sie ihnen an den unerwartetsten Stellen auflauern und sie – sozusagen mit abgeschaltetem Immunsystem – kalt erwischen.

Klar, daß Jungfrauen unter einer längeren Liste von Krankheiten leiden, die sonst kein vernünftiger

Mensch bekommt: Magenschleimhautentzündung, Kopfschmerzen, Migräne, Verdauungsbeschwerden an Blinddarm, Zwölffingerdarm und Dünndarm inklusive schwerster Blähungen, Lungenkrankheiten aller Schattierungen, Gelbsucht, Störungen der Milz und der Bauchspeicheldrüse sowie eine ganze Latte von nervösen Störungen.

Gegen jedes Wehwehchen gehen manche Jungfrauen mit der chemischen Keule an. Statt vernünftig zu leben, sich abzuhärten oder mit den Erregern Frieden zu schließen, knallen sich Jungfrauen Unmengen härtester Medikamente in den schlaffen Body, und zwar nach dem Motto: eine Schaufel mehr wirkt sicher besser. Irrtum – sie ruinieren sich die schwache Gesundheit nur zusätzlich.

Andere Jungfrauen sind zwar wehleidig bis zum Geht-nicht-mehr und werden zu fiesen Jammerlappen, weigern sich aber starrköpfig, ihre Medikamente zu nehmen, wollen nichts essen und verbreiten das gemeine »Ihr alle habt mich krank gemacht!«-Gefühl. Es gelingt ihnen, einen simplen Schnupfen zum Lungenkrebs und einen flotten Heinrich zur Cholera hochzujammern. Eine solche kranke Jungfrau in Pflege zu haben, ist eine der härtesten Prüfungen, die einem widerfahren kann.

DAS LIEBLINGSGETRÄNK

Das alkoholische Lieblingsgetränk der Jungfrauen ist der Martini mit Olive (genau das Richtige für so blöde Pflaumen). Allerdings nicht irgendein Martini mit irgendeiner Olive.

Hier das Jungfrauen-Martini-mit-Oliven-Rezept:

Ein edles Kristallglas wird kurz mit zerstoßenem Eis ausgeschwenkt und mit einer Limonenscheibe ausgerieben; dann wird eine frische, grüne, südgriechische Olive hineingelegt und diese langsam mit Martini übergossen, bis sie ganz bedeckt ist. So ruht sie genau 32 Sekunden. Dann gießt man sehr langsam genau 1 cl eiskalten Gin hinzu, und zwar so, daß die bisher im Glas befindliche Flüssigkeit nicht mehr als nötig aufgewirbelt wird. Nach 45 Sekunden wird mit einem Glaslöffel umgerührt und dann mit Martini aufgefüllt.

Kein ungewöhnliches Rezept? Irrtum. Die Jungfrau schmeckt es heraus, wenn das Glas mit einer Zitronen- statt einer Limonenscheibe ausgerieben wurde und übergibt sich augenblicklich. Iiiih, so eine ekelerregende Tunke kann doch eine Jungfrau nicht trinken! Daß der ekelhafte Nörgler die Zitronenschalen im Abfall gesehen hat und nur deshalb Bescheid wußte, findet man meist erst später heraus.

Auch jedes andere Detail hat weltbewegende Bedeutung: Wehe, die Olive hat vor der Zugabe des Gin 33 statt 32 Sekunden geruht! Wehe, es wurde ein Löffel aus Metall zum Umrühren verwendet! Die feine Zunge jeder Jungfrau vermeldet jeden Fehler augenblicklich und kreidet ihn gnadenlos an.

Wie weit her es mit der feinen Zunge der Jungfrau tatsächlich ist, beweist der folgende Test. Machen Sie alles genau falsch. Lassen Sie Spülmittel im Glas. Gießen Sie WALDI-Wermut, die Flasche zu 99 Pfennig hinein, werfen Sie irgendeine grüne Matscholive aus der Dose dazu und füllen Sie mit Wodka statt Gin auf. Rühren Sie mit der Zahnbürste der Jungfrau um. Beseitigen Sie akribisch alle Spuren, die dem kriminalistischen Spürsinn der Jungfrau von der »unsachgemäßen« Bereitung des Getränkes berichten könnten. Servieren Sie schließlich den Teufelsdrink mit den zuckersüßen Worten: »Schatz, dein Martini! Genau nach deinem Rezept!« Die Jungfrau wird die Soße mit allen Anzeichen des Wohlbehagens kübeln und erfreut bemerken: »Ja, so ist es richtig! Von Martinis verstehe nur ich etwas!«

Bier- und weintrinkende Jungfrauen nerven Gastwirte mit überaus genauen Thermometern, halten ihnen jedes von der Norm abweichende Zehntelgrad

vor und werden zum Schrecken jeder gemütlichen Gastlichkeit – bis ihnen ein tatkräftiger Mundschenk was vor die Omme klopft und sie vor die Tür setzt: Lokalverbot. Der einzig richtige Weg, im Gaststätten- und Hotelgewerbe mit Jungfrauen umzugehen.

An harte Alkoholika trauen sich Jungfrauen nicht heran. Wenn doch, kippen sie sofort aus den Socken, fangen sich einen ausgewachsenen Leberschaden oder flippen im Delirium munter durch die Gegend.

Wirklich gut bekommen Jungfrauen nur lauwarme Kräutertees, stille Mineralwässerchen und naturbelassene Obstsäfte – allerdings nur die milden Sorten. Nach dem Genuß von Rhabarbersaft fallen Jungfrauen bereits die Zähne aus dem Gesicht. Auch zu heiße oder eiskalte Getränke sollten Jungfrauen meiden. Ist die Hitze zu groß, brennt ihnen leicht die Sicherung durch. Bei zuviel Eis erstarrt die empfindliche Magenwand und es beginnt im Bauch der Jungfrau zu klötern – und zwar so laut, daß es ganze Abendgesellschaften in den Wahnsinn treibt.

DIE LIEBLINGSSPEISE

Jungfrauen schätzen die englische Küche über alles. Das sagt alles über ihren Geschmack: Wie kein anderes Sternzeichen mißachten Jungfrauen die Freuden der Küche. Mageres, am besten gekochtes Fleisch, Kartoffeln, Kompott, Reis, Hirsebrei, Rohkost, Müsli und Haferflocken-Pamps sind ganz nach ihrem Geschmack – mit leckeren Braten, fetten Soßen und göttlichen Süßspeisen kann man sie sogar verärgern. Jungfrau-Kochrezepte verzichten, mit Ausnahme von winzigen Mengen Salz, auf alle Gewürze – und so schmeckt es dann auch. Hier ein typisches Jungfrau-Rezept:

BLUMENKOHL IM SCHLAFROCK

1 Kopf Blumenkohl;
2 Eßlöffel Mehl;
etwas Wasser;
eine winzige Prise Salz.

Die Zubereitung: Wässern Sie einen Kopf Blumenkohl so lange, bis er jeglichen Geschmack verloren hat. Dann zerkochen Sie ihn in viel Wasser bis zur Unkenntlichkeit. Überstreuen Sie den so entstandenen Brei mit dem Mehl und überbacken Sie schließlich in einer scheuerfesten Form 20 Sekunden im ungeheizten Backofen. Würzen Sie mit etwas Salz – guten Appetit!

Würg!

DAS BEVORZUGTE LOKAL

Jungfrauen essen am liebsten allein. Wenn man sie ließe, sperrten sie sich zu jeder Mahlzeit in den Wandschrank. In Firmen oder Betrieben nehmen angestellte Jungfrauen ihr Mittagessen gern in ihrem Samsonite ein. Das ist auch der Grund, warum dieser Koffer bei Jungfrauen immer so groß ausfällt.

Muß eine Jungfrau ein Restaurant besuchen, wird dies in der Regel kurz darauf geschlossen, weil der Wirt, der Oberkellner und der Koch irrsinnig geworden sind. Jungfrauen ereifern sich über vorgeblich unsaubere Tischdecken, schlappe Dekopflanzen in der Vase auf ihrem Tisch, querulieren über Besteck und Geschirr, meckern an der Form des Bohnengemüses und am Jahrgang des Mineralwassers herum. Am liebsten würden sie das zu schlachtende Rind persönlich vorgeführt bekommen, bevor sie sich zu einem Steak entscheiden. Jungfrauen beschweren sich über die fettigen Haare des Kellners und das maliziöse Grinsen des Geschäftsführers.

Sollte das Personal eines Speiselokals eine Jungfrau-Mahlzeit überlebt haben, versetzt der widerwärtige Gast ihm bei der Schlußabrechnung den Todesstoß. Jungfrauen ziehen zur Überprüfung des Rechnungsendbetrages einen amtlich vereidigten Buchprüfer sowie ihren Steuerberater hinzu oder lassen sich telefonisch mit dem Großrechner der Universität verbinden.

Findet die Summe endlich Gnade vor den Augen der Jungfrau, folgt der letzte und größte Schock: das Trinkgeld. Kellner reißen sich die Haare aus, weibliches Bedienungspersonal frißt die Schürze oder zerkratzt sich das Gesicht, wenn eine Jungfrau Trinkgeld gibt. Beträge zwischen ein und drei Pfennig wechseln den Besitzer – das hält kein Angestellter im Gastronomiegewerbe aus. Sarkastische Gemüter antworten augenblicklich mit einer Gegenspende für den Gast.

In Kaschemmen oder Pommes-Buden sind Jungfrauen übrigens nicht anzutreffen – sie erlitten dort entweder sofort den Hygiene-Schock oder bezögen wegen ihrer Meckerei ein Tracht Prügel. Ein sicherer Ort also, um ungestört von Jungfrauen zu essen oder zu trinken.

DAS LIEBLINGSTIER

Eine weitere große Jungfrau-Macke: Jungfrauen quellen schier über vor Tierliebe – vermutlich, weil die armen Viecher sich nicht recht gegen die Maßregelungen und Rechthabereien der Jungfrauen wehren können. Jungfrauen halten Katzen, Hunde, Kurz-, Mittel- und Langwellensittiche, Kanarienvögel, Schlangen, Halb- und Vollaffen, Reptilien, Hamster, Meer-, Fluß- und Teichschweinchen sowie Kaninchen – keine Tierart ist vor ihrem Zugriff sicher.

Einmal in der Hand von Jungfrauen, ergeht es den armen Kreaturen schlecht. Sie werden gewaschen, ausgeschüttelt, geföhnt, getrimmt, beschnitten, parfümiert, kastriert, dressiert und gestutzt, bis sie dem jungfräulichen Idealbild eines keimfreien, geruchsneutralen und wohlerzogenen Haustieres entsprechen. Völlig verzweifelte Vögel hocken in Käfigen mit geharktem Vogelsand, apathische Hunde sitzen in Körben mit Inventarliste und Hausordnung – es ist unvorstellbar schlimm. Eigentlich sollte der Tierschutzverein Jungfrauen jedwede Tierhaltung untersagen.

Das allerdings auch aus einem zweiten Grund:

Nicht genug damit, daß Jungfrauen ihre Lieblinge bis aufs Blut maßregeln und schikanieren.

Sie nerven zusätzlich auch noch ihre menschliche Umgebung mit immer neuen Geschichten aus dem Bereich der Puschelbärchen-Idiotie. »Hach, ist er nicht niedlich?« ist ein typischer Jungfrauen-Satz, der meist eine zweieinhalbstündige Erzählung abschließt. Z.B. berichten Jungfrauen haarklein bis ins letzte Detail, wie ihr Bessi-Schnuckihündchen gestern zum ersten Mal ganz allein im Garten ein Häufchen in das Rosenbeet gesetzt hat (das miese Ferkel!). Ein ungemein erregender Gesprächsstoff, oder? »Hach, ist er nicht niedlich?«

Bei aller Tierliebe hassen Jungfrauen Tierarten wie Flöhe, Ameisen, Wanzen, Kellerasseln und Küchenschaben. Sie sind ihnen nicht nur zu unhygienisch, sondern lassen sich zudem nicht waschen, frisieren, ondulieren, kastrieren, dressieren und entziehen sich – schlimmer – auch sonst jeglicher Kontrolle eines menschlichen Halters.

Ließen sich Küchenschaben als Armee kommandieren, wären sie das absolute Liebingstier der Jungfrauen.

DIE TYPISCHE SPORTART

1. Minigolf – auch »Haarspalter-Golf« genannt
2. Stadt, Land, Fluß – das widerliche Klassenbesten-Spiel
3. Trivial Pursuit – das Spiel für widerliche Rechthaber

DAS LIEBLINGSBUCH

der pingeligen Jungfrau kann und darf nur das Kursbuch der Bundesbahn sein. Hier liegt alles klar geregelt und auf die Minute pünktlich fest, hier greift eins ins andere, und weitschweifige Interpreten müssen kläglich scheitern. Außerdem erhält das Kursbuch für Jungfrauen die Illusion aufrecht, der Zug sei noch nicht abgefahren – in diesem Sternbild ein schicksalsschwerer Irrtum.

Platz 2: das Branchentelefonbuch – auch alles hübsch eingekastelt und alphabetisch geordnet, ganz dem Weltbild der Jungfrau entsprechend. Auf den Gelben Seiten ist die Welt noch in Ordnung.

Auch sehr gefragt: Dichtungen über die Jungfrau von Orleans, egal ob von Voltaire, Schiller, Shaw oder sonstwem.

DER LIEBLINGSFILM

Der absolute Hammer-Film aller Jungfrauen ist »Die Jungfrauenquelle« mit Ingrid Berghoff als Jungfrau Wuchtgelind.

Platz 2: »Casablanca«. In welchem Streifen sonst sagt der Held seiner Geliebten einen so unvergleichlich analysierenden Satz: »Ich durchschau' dich bis auf die Systemebene, mein kleiner Chip…!«

DIE LIEBLINGSMUSIK

Keine Ahnung, ob der Autor von »Gödel, Escher, Bach« Jungfrau war. Aber er hat den Angehörigen dieses Sternzeichens aus der Seele gesprochen, als er Bachs Musik mit Gödels Mathematik auf ein Stufe setzte. Ob Pop, Rock, Jazz, Oper – Jungfrauen hören stets nur Musik, bei der Ton auf Ton folgt und alles vom Komponisten klar festgeschrieben ist. Improvisation oder Gefühlsausdruck in der Musik ist ihnen im Grunde ein Horror. Die Musik von Dire Straits oder Wolfgang Amadeus Mozart kriegen sie gerade noch auf die Reihe – das war's dann aber auch.

Eigentlich verstehen Jungfrauen überhaupt nichts von Musik. Gespräche über Komponisten ergeben sich dann, wenn Sie einer Jungfrau das Plattenregal gründlich durcheinanderbringen: Sie regt sich stundenlang auf, wie es möglich war, daß eine Bach-Aufnahme unter W wie Wagner geraten ist.

DAS BEVORZUGTE REISEZIEL

des Jungfrau-Menschen liegt irgendwo zwischen dem Nordkap und Feuerland. Es ist nämlich noch nicht gefunden – Jungfrauen haben an jedem Reiseziel, das sie bisher angesteuert haben, schwerwiegende Mängel zu beklagen. Mal ist es nicht ruhig, mal nicht sauber genug. Jungfrau-Touristen bestehen auf Grabesstille in ihrem Appartemento und setzen immer voraus, daß man vom Fußboden essen kann. Außerdem muß der Gesichtsausdruck des Kellners der gesellschaftlichen Norm des Abendlandes entsprechen; exotische, nach Alkohol oder Knoblauch oder sonstwas riechende Einheimische in Schrottautos verschandeln das Bild der Landschaft und sind unerwünscht. Ebenso darf das Essen weder zu deutsch noch zu exotisch sein. Der Sand am Strand muß strahlend weiß und klinisch rein sein; etwaige Gebirge dürfen weder zu hoch noch zu steil sein und sollten keinesfalls zu Lawinen neigen. Außerdem – und diese Bedingung darf in

ihrer Bedeutung nicht unterschätzt werden – sollte die Sonne am Urlaubsort einer Jungfrau pünktlich, rasch, ästhetisch befriedigend und im astronomisch genau festgelegten Winkel im Meer versinken. Sie können sich sicher vorstellen, wie viele Urlaubsorte diese Bedingungen erfüllen.

DIE TYPISCHEN DROGEN

Ob Jungfrauen Drogen nehmen, kann nicht mit letzter Sicherheit gesagt werden. Denn die eigentliche Droge der Jungfrau heißt Zurückhaltung. Nur nicht auffallen! Schon um nicht aus der Rolle zu kippen, trinken Jungfrauen Alkohol nur in homöopathischen Mengen. Natürliche Drogen wie Opium oder Haschisch verursachen bei Jungfrauen Ekel. Wer weiß, was man da für ein undefinierbares Zeugs raucht? Vermutlich gibt es jedoch unter den in der chemischen Industrie tätigen Jungfrauen etliche, die sich ihre eigenen Designer-Drogen zurechtschneidern. Ein solche Jungfrauen-Droge sollte in der Formel genau analysiert sowie chemisch rein sein – und völlig ohne Nebenwirkungen und Wirkungen eingenommen werden können.

DIE TYPISCHE AUSREDE

Das Arbeitstier Jungfrau hat immer nur das eine im Sinn. Wenn Angehörige anderer Sternzeichen in Liebesfreuden schwelgen oder sich ordentlich einen auf die Lampe gießen, hört man von Jungfrauen nur: »Ich muß morgen früh raus!«

DIE LEICHE IM KELLER

Kaum zu glauben, auch Jungfrauen sind Menschen. Irgendwann in ferner Vergangenheit hat jede Jungfrau mal an wichtiger Stelle einen Flüchtigkeitsfehler gemacht, einen winzigen Mißgriff getan oder in einer ihrer haarspalterischen Rechnungen ein Komma vergessen. Daraufhin ist ein Computer-Großsystem zusammengebrochen, ein Raumschiff explodiert, eine Großstadt war dreiunddreißig Stunden ohne Strom, ein Chemiewerk produzierte versehentlich Gummibärchen-Pampe statt Napalm oder ein Atomkraftwerk ist in die Luft geflogen. Keiner konnte herausfinden, wer schuld an dieser Katastrophe war. Aber eine Jungfrau trägt ein schwarzes Mal auf ihrer sonst so superweißen Weste.

DIE GLANZTAT

Kein einziger Käfer wäre über die Straßen der Welt gelaufen und zahllose ätzende Käfer-Spielfilmproduktionen und viele beengte Autobahnkilometer auf dem Rücksitz wären uns erspart geblieben, wenn nicht die Jungfrau Ferdinand Porsche am 3.9.1875 das Licht der Welt erblickt hätte.

Nach einigen jugendlichen Irrwegen in die Welt der Elektromobile und einem Streifzug durch die Automobilwerke Europas reifte in ihm die geniale Idee zu einem brötchenförmigen Personenwagen mit beachtlichen Heckschleudereigenschaften und einem lächerlich kleinen Kofferraum, der zunächst zu militärischen Zwecken mißbraucht wurde (der Wagen, nicht der Kofferraum). In den fünfziger Jahren war der Käfer die Antriebskraft des Wirtschaftswunders und Ferdi setzte noch eins obendrauf: Er quetschte den Käfer auf seinem Reißbrett ein wenig platt, motzte den Motor gehörig auf und verkaufte die so entstandene Blechflunder als Sportwagen – mit dem noch heute die Motor-Machos durch die Gegend kacheln.

DIE GANZ GROSSE NIEDERLAGE

Für die absolute Dichterfürstin hielt sich die ebenso beispiellos schöne wie maßlos überhebliche Jungfrau Louise Colet (* 15.9.1876), die so ziemlich ganz Paris inclusive der Académie Franìaise um ihre hübschen Finger wickelte. Mehrfach erhielt sie den Literaturpreis der Akademie und erkor sich zum Dank etliche der Herren als Geliebte. Sie setzte ihre Schönheit so rücksichtslos ein, daß sie jedes ihrer Ziele erreichte. 1842 starb sie in dem Bewußtsein, als Dichterin von Weltgeltung in die Geschichte einzugehen. Typisch Jungfrau – war wohl nix…

DER GANZ GROSSE HAMMER

Daß Horoskope so gut wie gar nichts taugen, beweist die wahre Superfrau, die Jungfrau Amelie Beese-Boutard (18.9.1886), die weder an Nörgelei, Pedanterie, Überheblichkeit oder Besserwisserei litt noch wegen Fachidiotie niederzumachen wäre. Ganz im Gegenteil: Amelie war ein Sangeswunder, spielte etliche Musikinstrumente, schuf Zeichnungen und Plastiken, konnte in der Öffentlichkeit Reden halten und war Deutschlands erste Motorfliegerin, die eine Flugschule führte und sogar einen

Frauen-Dauerflug-Weltrekord aufstellte – immerhin 2 Stunden und fast zehn Minuten. Und dieses Wunderweib an Flexibilität war also eine kleinliche, pedantische Jungfrau! Was lehrt uns dies? Werfen Sie dieses Buch und Ihren gesamten übrigen Horoskop-Quatsch weg und tun Sie was Vernünftiges! Singen, ein gutes Buch lesen zum Beispiel. Oder machen Sie den Flugschein…

DIE JUNGFRAU UND DIE LIEBE

Liebesabenteuer sind Jungfrauen gleichgültig – sie bleiben oft aus freien Stücken allein, weil kein Partner ihre peniblen Perfektionsvorstellungen erfüllen kann. Wenn Jungfrau-Frauen heiraten, haben sie meist die Hosen an, überrumpeln ihren Gatten mit wilden Aktivitäten, werden zu Putzteufeln, stellen ständig die Möbel um, organisieren den Haushalt bis ins kleinste Detail, terrorisieren die Nachbarn mit Treppenhaus-Putzplänen, beschäftigen Heerscharen von Handwerkern, die umschichtig einen Raum nach dem anderen immer wieder renovieren. Von Liebe überhaupt keine Spur – außer von Eigenliebe. Klar auch, daß Jungfrauen auf die üblichen Liebesbezeugungen und Werbungen (Blumenstrauß, Lächeln, Liebesgedichte, Kußhändchen u.ä.S.) nicht reagieren, es sei denn, sie zeigen dem Freier einen Vogel. Jungfrauen geht es um harte Fakten: ein Grundstück vor der Stadt, ein Prämiensparbuch oder ein dickes Auto finden sie ungemein erotisch. Entsprechend verlaufen auch Liebesnächte mit Jungfrauen: Während er sich erotisch redlich abmüht, liest die Jungfrau »Capital«. Während sie in seinen Armen einem Liebesabenteuer entgegenfiebert, läßt der Jungfrau-Mann sie einfach fallen, um die neuesten Börsenkurse zu studieren.

DIE JUNGFRAU-FRAU

Eiskalt und völlig verstandesgesteuert betrachtet die Jungfrau-Frau ihr männliches Opfer. Und nicht umsonst ist die Jungfrau in vielen Fällen noch Jungfrau. Ihren pedantischen Ansprüchen, ihrem akribischen Ordnungssinn kann es keiner recht machen. Erst wenn er einen sechzehnseitigen Fragebogen in dreifacher Ausfertigung einschließlich Geburtsurkunde, polizeilichem Führungszeugnis und Schufa-Auskunft abgegeben hat, kommt er überhaupt ins (computergesteuerte) Auswahlverfahren. Aber es kommt, wie es kommen muß: Nicht ein einziger Mann hat bisher ihren Test bestanden…

Wenn die Punktzahl eines Bewerbers (weiß der Himmel, warum er sich beworben hat!) in Sachen Liebe aber endlich einmal gereicht hat und er bei ihr Gnade findet, treten andere Hemmnisse in den Weg einer gesunden Sexualität: Gerade, wenn er ihr eine Liebeserklärung machen will, besteht sie darauf, ihm z.B. einen Knopf an die Jacke zu nähen oder ihm die Fingernägel zu schneiden.

Ist auch diese Hürde überwunden, türmt sich vor etwaig sexuell gefärbten Taten ein Gebirge der Eiseskälte auf: Nur ein Casanova reinsten Wassers versteht es, die tiefgekühlte Leidenschaft einer Jungfrau-Frau zu wecken. In den meisten Fällen hat ein solcher Casanova Besseres zu tun und findet leichtere Beute – die Jungfrau bleibt Jungfrau…

Da Jungfrau-Frauen alles mit dem Verstand regeln müssen und allem Natürlichen irgendwie mißtrauen, besitzen sie auch kein rechtes Zutrauen zu ihrem eigenen Körpergeruch. Also greifen sie zum Flakon – es sind Jungfrauen, die sich alljährlich wieder Tausende von Litern des schwülstigsten Parfüms über den Astralleib gießen. Denn leider fehlt ihnen hier jeglicher Geschmack und jedes

Gespür. Statt herbe, frische Duftnoten zu wählen, greifen sie zu bedrohlich süßen Sorten, die schon beim ersten Riechen Karies verursachen oder zu anderen Geruchshämmern der tropisch-muffigen Richtung. Wenn plötzlich und unvermittelt alle Zimmerpflanzen verdorren oder draußen ganze Bienenvölker tot vom Himmel fallen, ist eine parfümierte Jungfrau-Frau in der Nähe.

DER JUNGFRAU-MANN

Der absolute Anti-Casanova – nicht nur, daß er völlig ungeschickt und ohne jeden Charme ist. Nein, auch interessiert sich keine Frau für ihn. Wenn er ein Kompliment machen will, klingt es wie die Wasserstandsmeldungen. Seine Blumensträuße sehen ebenso aus wie seine Socken und seine Krawatte: schlecht zusammengestellt und zu heiß gewaschen. Er ist eifersüchtig wie ein Pascha, völlig ohne jede Illusion und ohne jede erotische Fantasie, absolut pünktlich und für manche Mutti der ideale Schwiegersohn – nur für die Töchter ist er nichts. Im Grunde hat der Jungfrau-Mann zudem Angst vor jeder Frau und hält sie für eine widerwärtige, alles verschlingende Sex-Bestie. Entsprechend lange dauert es auch, bis er seine Unsicherheit überwunden hat und einen Antrag wagt. Er nennt diese nutzlose Zögerlichkeit »Zurückhaltung«. Zwischen erstem Blickkontakt und einem zaghaften Antrag verstreicht etwa ein Jahrtausend.

Der Frauen-Typ, auf den Jungfrau-Männer stehen, stammt aus der frühen Steinzeit der Geschlechterbeziehungen. Gestylte, modisch gekleidete Damen, die möglicherweise in den letzten drei Wochen sogar einmal beim Friseur waren, verursachen ihm Abscheu und Magenkrämpfe. Nein, er fährt voll auf den Typ Mutti ab; das graue Mäuschen im Kittel, nach Kernseife und Klemmsex schlimmster Sorte riechende Kümmerweibchen der fünfziger Jahre stellt sein Idealbild dar – das ihn sexuell allerdings auch kaum auf Touren bringen kann. Zusammengefaßt: Jungfrau-

Männer sind erotisch die letzten Hinterwäldler, und in Sachen Sex regiert absolut tote Hose.

DIE TYPISCHE ANBAGGER-SZENE

a) infantil: Der Zwilling-Mann nähert sich an der Hand seiner Mutter auf dem Spielplatz der Angebeteten und bietet ihr seinen Lutscher an. Sie lehnt angewidert ab und geht mit einem Widder im Sandkasten spielen.

b) erwachsen: Der Zwilling-Mann nähert sich an der Hand seiner Mutter im Opernhaus der Angebeteten und bietet ihr sein Opernglas an. Sie lehnt angewidert ab und geht mit einem Widder zum night-clubbing.

BEVORZUGTE STELLUNGEN

Den Geschlechtsakt, sollte es je dazu kommen, vollziehen Jungfrauen streng nach Gebrauchsanweisung. Allerdings verwenden sie eine solche älteren Jahrganges oder ein aus dem Japanischen übersetztes Exemplar. Entsprechend fällt der Koitus dann auch aus. Lust, so glauben Jungfrauen, ist das Juckgefühl bei Fußpilz, und Leidenschaft empfinden Atomphysiker am Zyklotron.

IDEALPARTNER

für Jungfrauen ist, wie bereits gesagt, ein Kaninchen oder Meerschweinchen. Sollte sich menschlicher Kontakt nicht vermeiden lassen, kündigen sich im Verhältnis zum tumben Stier und zum redlichen Steinbock die geringsten Katastrophen an. Mit Waage, Skorpion, Löwe und Krebs gestaltet sich das Zusammenleben halbwegs erträglich, weil die Jungfrau meist aushäusig angestellt arbeitet. An Fischen bemäkeln Jungfrauen die Launenhaftigkeit und den Alkoholkonsum, Schütze und Wassermann sind für sie zu abenteuerlustig und lebendig. Wassermänner quatschen außerdem zuviel; wenn schon einer reden muß, dann die Jungfrau selbst. Widder werden den Teufel tun und freiwillig eine Jungfrau heiraten. Auf einen Partner, leidenschaftlich wie ein Bügelbrett, können sie ohne weiteres verzichten.

DIE MÖGLICHEN PAARE IM EINZELNEN

Bitte kein Irrtum – hier geht es nicht um konkrete Personen. Namen stehen nur für Typen und Charaktere. Wie sonst wären Paarungen über den Abgrund der Jahrhunderte hinweg denkbar? Doch die schwache Fantasie von uns Menschen braucht Anregungen, Vorstellungen, griffige Bilder, um zu funktionieren. Leider werden die meisten unserer Traumpaare in der Wirklichkeit nicht zueinander finden können.

❤ JUNGFRAU UND WIDDER: ✸✸✸✸

Da Jungfrauen um jeden Preis Ordnung in jedes Chaos bringen müssen, und Widder Chaos in jede Ordnung, stehen die Chancen recht schlecht.

Sollte es zu einer Verbindung zwischen Widder und Jungfrau kommen, ist die Freude darüber meist von kurzer Dauer. Schon nach Tagen kühlt eventuell in Spuren vorhandene Liebesglut bei der Jungfrau ab, und sie zieht es vor, dem Partner auf dem Lotterbett haarklein das Periodensystem der Elemente zu erläutern oder das intime Leben der Atompartikel auseinanderzulegen. Klar, daß Widder es auf einem solchen Liebeslager nicht lange aushalten.

Das prominente Paar:

Michael Jackson (Jungfrau) **und**
Tim Curry (Widder)

Auch vor dem eigenen Geschlecht macht die Liebe nicht halt. Zwar korrelieren Jungfrau und Widder nur mangelhaft, doch überspülen hier die Wogen der Leidenschaft alle Gegensätze. Der scharfe, analysierende Verstand der Jungfrau mag es zwar nicht, wenn Tim in seine Star-Rolle schlüpft, sich als der schöne Hermaphrodit Frank 'N Furter mit finsteren Elementen wie einem gewissen Meatloaf in noch finstereren Schlössern auf dem Lande herumtreibt und »Rocky Horror Picture Show« und andere Doktorspielchen spielt, aber wenn Tim dann im Morgengrauen reumütig nach Hause zurückkehrt und die scharfen Strapse anzieht, kommt Michael sofort aus dem Schmollwinkel und singt in seiner unvergleichlichen Art: »You knock me off off my feet, baby!«

JUNGFRAU UND STIER:

Jungfrauen stehen – weiß der Himmel warum – auf Stieren. Vermutlich weil der trockene Fachidioten-Verstand der Jungfrau im manchmal weinerlichüberschäumenden Gemüt des Stiers seinen genauen Widerpart findet. Zudem lieben Jungfrauen neben dem Stier das Stier-Vermögen über alles. Erotisch gibt eine solche Verbindung nicht viel her – beide sind, was Sex angeht, ausgesprochene Spätzünder und kochen auf Sparflamme. Auch versteht es die Jungfrau in ihrer vertrockneten Hirnigkeit nicht, seine animalischen Triebe zu wecken. Glücklicherweise bemerkt der eher stumpfe Stier meist auch nicht, was er sich da mit der Jungfrau eingefangen hat…

☞ *Das prominente Paar:*

Twiggy (Jungfrau) **und Bernhard Grzimek** (Stier)

Bernhard ist glücklich: Endlich kann er seine Frau zwischen all den Schimpansen ohne Probleme herausfinden: Es ist die lange Dünne, die die Bananen immer quer frißt! Sie schätzt die Wärme und Geborgenheit im trauten Affenhaus und kann auch schon bald ihre Eßstörungen an den Nagel hängen. Erotisch zieht sie heimlich allerdings Georgie, den Rottenführer vor – aber rein platonisch, versteht sich. Sie will ja nicht, daß Bernhard wieder rot sieht und als Monster durch die Serengeti tobt.

❤ JUNGFRAU UND ZWILLING:
✸✸✸✸

Das geht nicht gut: Die Jungfrau ist dem Zwilling einfach zu pingelig und zu genau. Er kann weder in Ruhe sein Geld verprassen noch seinen irrsinnigen Einfällen nachhängen. Statt dessen kehren Ruhe und Ordnung – vor allem Ordnung – in seinen Alltag ein. Es dauert nicht lange, und die Jungfrau geht dem Zwilling dermaßen auf den Zwirn, daß er der Nervensäge zu entfliehen sucht und sich aushäusige Betätigungsfelder schafft. 115% aller Ehebrecher sind Zwillinge, die mit Jungfrauen unter einem Dach leben!

☞ *Das prominente Paar:*

Didi Hallervorden (Jungfrau) **und**
Marilyn Monroe (Zwilling)

Nein, da geht Didi einfach zu weit: Ihre selbstverständlich rein platonisch-geistige Freundschaft zu Arthur Miller läßt Marilyn sich nicht nehmen, auch wenn Didi, dieses Ferkel, ihr noch so eindeutig belegt, daß Arthur nur ihren Körper liebt. Auch daß Didi ihr das Taschengeld gekürzt hat, nimmt sie ihm übel. Am allerschlimmsten findet Marilyn es aber, daß Didi in nächtelanger Arbeit einen Putz- und Spülplan ausgetüftelt hat, der nun unbedingt eingehalten werden muß. Schluß mit diesen unnötigen Einengungen! Er wird schon sehen, was er davon hat! Am nächsten Montag trifft sie sich zum ersten Mal mit John F. Kennedy! Ätsch!

❤ JUNGFRAU UND KREBS: ✸❀❀

Während der spießige Krebs für die kuschelige Einrichtung des trauten Heimes zuständig ist, sorgt die überaus verstandesgesteuerte Jungfrau dafür, daß schwarze Zahlen auf dem Bankkonto sind. Eine ideale symbiotische Verbindung, wenn nicht die Jungfrau manchmal zu ungemein lästiger Nörgelei neigen würde und der Krebs nicht manchmal ebenso lästig intolerant und hinterwäldlerisch wäre…

☞ ***Das prominente Paar:***

Hans Albers (Jungfrau) **und Mireille Mathieu** (Krebs)

Große Freiheit Nr. 7: Ein Heim, wie es kein zweites gibt – hier die altdeutsche Schrankwand mit Messinggriffen, dort der Hai mit der Zahnprothese von den Bermudas, hier das Büffelknautschleder-Design-Sofa, dort der Balken mit der Aufschrift »BATAVIA 510«; hier der Großbildfernseher, dort die Kanonenkugel, auf der er immer als Münchhausen zum Brötchenholen ritt. Auf der schweren, feuchtigkeitsversiegelten Auslegeware der fast antike Globus mit Hausbar, die unersetzliche Plattensammlung von Adamo über Freddy, die Geschwister Hohlweg bis Zacharias – alles geordnet, registriert und inventarisiert. Da kennt Hans keine Nachlässigkeit.

Mireille ist stolz auf sich und auf ihren Hans. Gemeinsam haben sie für all das die Kohle rangeschafft. »Alles abbezahlt!« erklärt der blonde Hans Pressevertretern aus gewöhnlich gut eingeweihten Kreisen stolz. »Alles selbst verdient – ich mit meinem unvergleichlichen Silberblick! Als Bösewicht, Verführer, Spieler, Schieber, Gangster und Ganove! Und mit dieser Seemannsmasche! Trutz blanker Hans! und so weiter – Sie wissen schon… Und nicht zu vergessen: Mireille. Dutzende von Fans jubeln ihr zu, wenn sie auf dem Bildschirm ihre unvergleichliche Perücke vorführt. Und wenn sie singt…. Der Kommentar des blauäugigen Hans: »Beim ersten Mal, da tut's noch weh, aber wenn man sich an das Geräusch gewöhnt hat, geht es…«

❤ JUNGFRAU UND LÖWE: ✸❀❀

Nicht eben das Traumpaar, aber dennoch nicht so übel, diese Konstellation. Während die Jungfrau für Ruhe und Ordnung sorgt, kann der Löwe ungestört regieren. Während die Jungfrau pingelig den Haushalt in Schwung hält, kann er draußen den dicken Zampano markieren und seiner Großmannssucht frönen. Weiterhin sehr harmoniefördernd: Da es dem Löwen stets nur auf die Dekoration ankommt, frißt er die Gerichte der unsäglichen Jungfrauen-Küche völlig klaglos.

☞ ***Das prominente Paar:***

Sophia Loren (Jungfrau) **und Fidel Castro** (Löwe)

Er als König der Arbeiterklasse und der Zuckerhüte weiß zu schätzen, daß sie den Haushalt mit strengem Regiment im Griff hat, täglich die Spaghetti zählt und die Briketts im Keller poliert. Weniger schätzt er es, wenn sie an seinem Wilde-Mann-Image herummäkelt und ihm den Bart mit der Heckenschere stutzen will. Sie schätzt seinen Weitblick in politischen Dingen und ist froh, daß immer ausreichend

Zucker im Hause ist. Sie dankt es ihm mit schwellenden Formen.

❤ JUNGFRAU UND JUNGFRAU: ✷✷✷✷❀❀❀

Glücklich, wer nicht Nachbar eines solchen Paares ist: Tag und Nacht liegen sie sich im »munteren« Streitgespräch in den Haaren, argumentieren über Gott, die Welt und die Kaffee-Preise oder praktizieren aneinander dilettantische Trivialanalyse. Ihrer beider Geiz potenziert sich zu unvorstellbarer Raffgier, und beider Lieblingslektüre sind stets Kontoauszüge, Börsenkurse und Wirtschaftsnachrichten, die sie einander laut deklamierend und wie Liebeslyrik vortragen.

Einziger Vorteil dieser Verbindung für die Nachbarn: Leidenschaftliche oder gar lautstarke Sex-Szenen sind nicht zu erwarten. Dennoch hat die Jungfrau-Jungfrau-Ehe bald Nachkommen zur Folge, die mit ekelhaftem Eifer zu kleinen Verstandesmonstern herangezogen werden. Jungfrau-Kinder nerven die gesamte Nachbarschaft mit ihren Klugscheißereien und versauen später in der Schule den Numerus clausus!

☞ ***Das prominente Paar:***

Michael Jackson (Jungfrau) **und**
Chrissie Hynde (Jungfrau)

Ihr Bankkonto erreicht astronomische Höhen, und die Fans kippen gleich reihenweise aus den Latschen, seit sie zusammen auftreten. Abends am Kamin füttern sie gemeinsam Michaels Privatzoo und hören die Live-Übertragung ihrer neuesten Verkaufszahlen im Radio. Chrissies Kinder spielen mit Michaels Affen und Dirty Diana »Trivial Pursuit« oder sehen sich triviale Videos von Mutti und ihrem Lover auf dem MTV-Musikkanal an. Der einzige, der gegen diese Verbindung ist: Chrissies Ehemann. Doch der wird von zwei Jungfrauen locker argumentativ fertiggemacht. Wär' ja noch schöner!

❤ JUNGFRAU UND WAAGE: ✸❀❀

Ein günstige Verbindung – allerdings eher einseitig günstig. Kaum ist der erste Liebesrausch verflogen, wird die Waage von der Jungfrau an die Kandare genommen. Schluß mit dem leichtfertigen, genußsüchtigen Lotterleben! Vorbei ist es mit den hochfliegenden Träumen! Kunst, Kultur, Lebensstil!

Darüber kann eine Jungfrau nur lachen. Unter ihrer Führung wird aus dem erfolglosen Waage-Maler ein erfolgreicher Anstreichermeister, aus dem hungernden Komponisten ein steinreicher Musikalienhändler. Kurz gesagt: Die Jungfrau bewahrt den Rest der Menschheit vor zahllosen mittelmäßigen Waage-Künstlern. Und da die Waage tief in ihrem Innern weiß, wie mittelmäßig sie ist, duldet sie dieses Zurechtstutzen ihrer Flügel nur zu gern.

In einer Hinsicht können Jungfrauen Waagen allerdings nicht recht befriedigen: Waagen, die mit Jungfrauen verbunden sind, nehmen abends stets eine Wärmflasche mit ins Bett, um nicht zu frösteln.

☞ *Das prominente Paar:*

Greta Garbo (Jungfrau) **und**
Heinrich Lübke (Waage)

Kaiser wollte er werden oder Volksdichter – Träume, nichts als Seifenblasen! Die harte Hand seiner Greta hat ihn auf den harten Boden der Tatsachen zurückgeholt. Es hat nur zum Bundespräsidenten gereicht – immerhin. Seine Kurzgedichte allerdings hat sie nicht ausrotten können, dieser Mann mußte einfach dichten. Seine Anagramme sind in das Volksgut deutscher Sprache eingegangen, und sein »Meine Damen und Herren, liebe Neger…« ist ebenso in aller Munde wie der Einzeiler »Equal goes it loose!«, auf den selbst Shakespeare neidvoll herabblickt. Greta hatte, nach einem erfüllten Leben als Aktrice, ihre größte Rolle an seiner Seite: Niemand spielte die Wilhelmine Lübke so unvergleichlich bodenständig wie sie…

❤ JUNGFRAU UND SKORPION:
✸❀❀❀

Geistig geht hier sozusagen die Eilpost ab – was sexuelle Attraktion betrifft, ist die Jungfrau vom triebstarken Skorpion fasziniert. Dem ist eh gleichgültig, in wen oder was er sich verliebt, und so herrscht eine ganze Weile eitel Sonnenschein und Liebeslust. Krisen ergeben sich aus der sagenhaften Dauerbrunst des Skorpions oder auch in Sachen Eifersucht, obwohl die echte Jungfrau treu wie ein überzogenes Konto ist. Was bleibt ihr auch übrig – die Rachsucht des Skorpions ist gefürchtet.

☞ ***Das prominente Paar:***

Franz Beckenbauer (Jungfrau) **und Marie Antoinette** (Skorpion)

Nein, der Trainer ist der Mannschaft kein Vorbild: Auch vor dem Länderspiel kann er seiner Marie nicht widerstehen. Zu wild toben die Leidenschaften, zu sehr beutelt ihn ihr Eckstoß und Elfmeter, zu genau sind ihre Torschüsse plaziert, als daß er im Abseits bleiben oder noch abpfeifen könnte. Auch sie hat nichts dagegen, zusammen mit ihm den Kopf zu verlieren. Ihre monarchistischen Eskapaden der Vergangenheit hat er ihr längst verziehen, die rote Karte bleibt in der Gesäßtasche. Einzig im Stadion trennt er sich von ihr – dort gilt seine Liebe nur 22 haarigen Männerbeinen und einem Ball.

❤ JUNGFRAU UND SCHÜTZE:

✸✸✸✸

Der Schütze, so findet die Jungfrau, ist ein unerträglicher Leichtfuß und Windbeutel. Schützen haben immer noch einen weiteren Partner in Reserve, was der Jungfrau ungemein stinkt. Außerdem neigen Schützen dazu, wechselhaft wie sie sind, von einer

Liebesbeziehung sozusagen die Sahne abzuschöpfen – wenn es an die Magermilch geht, machen sie sich mir nichts, dir nichts aus dem Staub. Schützen bringen es locker auf ein Dutzend Ex-Partner, bis sie beständiger werden – Jungfrauen führen schon nach einer großen Enttäuschung ein Klosterleben…

☞ *Das prominente Paar:*

Peter Maffay (Jungfrau) **und**
Alice Schwarzer (Schütze)

Er haßt ihre aufrührerischen Reden und mag es gar nicht, wenn sie sich auf der Straße immer wieder nach anderen Männer umsieht und ihnen nachpfeift. Sie kann seine Sieben-Brücken-Songs schon seit zehn Jahren nicht mehr hören und erwägt, ihn vor das Emma-Chauvi-Tribunal zu zitieren. Dort soll er wegen übler kommerzieller Ausnutzung des Ost-

West-Geschmacksgefälles sowie als Haarspalter und Korinthenkacker übelster Sorte verurteilt werden. Keine schöne Liaison – weiß der Himmel, was sich der Autor dabei gedacht hat.

❤ JUNGFRAU UND STEINBOCK:
✸❀❀❀

Schier unerträgliche Harmonie in allen praktischen Dingen kann Nachbarn, Freunde (?) und Bekannte dieses Paares zur Verzweiflung treiben. Alles, aber auch alles betreiben sie gemeinsam – sie putzen, produzieren Nachwuchs in Unmengen, räumen auf, mähen Rasen, verfolgen schadlos die dümmsten Fernsehserien, verprügeln ihre Kinder, bügeln ihre Banknoten, jagen im Keller Kellerasseln, werden reich, legen herrliche, unheimlich ordentliche Steingärten mit Alpenpflanzen an – und das alles mit der enormen Durchschlagskraft einer Atomgranate. Sie sind zusammen so effektiv, daß uns gewöhnlichen Durchschnittspaaren die Haare zu Berge stehen. Außerdem ist der starrsinnige Steinbock eines der wenigen Sternzeichen, das der ätzend-ironischen Jungfrau Paroli bieten kann – wenn auch nur durch mucksiges Schweigen. Eine

Verbindung, die wegen ihrer frustrierenden Belastung für die Mitmenschen per Umweltschutzgesetz verboten sein sollte.

☞ *Das prominente Paar:*

Gerhard Wendland (Jungfrau) **und Janis Joplin** (Steinbock)

Ihr Reihenhaus hat den Sonderpreis »Das wunderbare Hutzelhäuschen« der Aktion »Unser Dorf soll noch viel, viel schöner werden« erhalten, hinten und vorn stimmt alles – am Haus und auch sonst. Drei Dutzend lustige Kinder stehen auf der Veranda stramm, wo Vati ihnen die Leviten liest und danach mit ihnen in den Morgen tanzt. Mutti, ganz finanzbegabte Steinbock-Frau, tapeziert drinnen das Klo mit Kontoauszügen. »Janis, meine Gute«, lobt er sie, »wie weitsichtig, wie ökologisch gedacht von dir!« Wer weiß, was aus ihr geworden wäre, hätte sie ihn tatsächlich getroffen…

❤ JUNGFRAU UND WASSERMANN: ✸✸✸✸

Für eine Jungfrau ist der Wassermann viel zu weltoffen und viel zu kommunikativ. Abende in Kneipen oder Vereinen sind jeder echten Jungfrau ein Horror, und die Unmengen Bier, die Wassermänner für ihr Wohlbefinden brauchen, schocken Jungfrauen schon finanziell: Was das alles kostet! Wassermänner finden es äußerst unangebracht, wenn Jungfrauen an ihrer ultra-originellen Kleidung oder ihren genialischen Weltformeln herummäkeln oder ihnen die Luftschlösser zerstören. Es gibt wirklich Sternzeichen, die besser zueinander passen.

☞ *Das prominente Paar:*

Willy Brandt (Jungfrau) **und**
Yoko Ono (Wassermann)

Sie redet ihm einfach zuviel – besonders über ihr Vorleben mit einem gewissen John. Auch mag er Love-ins und ähnliche Veranstaltungen im Berliner Hilton oder sonstwo nicht. Sie findet seine ewigen Parteitage und seine von der Zeit überholten deutsch-deutschen Mahnreden ebenso nervenaufreibend wie die neue Hymne der SPD: »Das weiche

Wasser bricht den Stein...« oder so ähnlich. Er haßt es, wenn sie das Gesangswerk »Weichspüler-Song« betitelt. Nein, es wird nicht lange dauern, und sie wird zurückkehren in ihr lauschiges Loft in Manhattan...

❤ JUNGFRAU UND FISCHE: ✸✸✸✸

Im klassischen Sinne opponierende Zeichen wie Jungfrau und Fisch können nur selten zu wahrer Liebe finden. Der Fisch ganz Gefühl, die Jungfrau ganz Intellekt – das muß in die Hose gehen. Während die Jungfrau mit der Unordnung, der Launenhaftigkeit und dem übermäßigen Drogenkonsum des Fisches nicht zu Rande kommt, verkümmert der Fisch emotional und vor allem sexuell, denn Sex nach dem Terminkalender ist nicht Sache eines echten Fisches. Schon bald sieht er sich deshalb nach weiteren Gewässern um, während die Jungfrau auf dem trocknen sitzt…

☞ *Das prominente Paar:*

Leo Tolstoi (Jungfrau) **und Sabrina** (Fisch)

Worauf hat er sich eingelassen? Eine Beziehung, in der er den ganzen ungelösten Zwiespalt von Welt und Gott zu verspüren vermeint – und die ihm ungemein ans Konto geht. Nein, Sabrina sollte wirklich sparsamer mit dem Haushaltsgeld sein, und mit welchem Gesindel sie sich immer herumtreibt! Gut, seine letzte Liebe hatte so viel nicht zu bieten, aber so etwas wäre ihm mit seiner Anna Karenina nie passiert! Was, wenn nun »Der Tod des Iwan Iljitsch« nicht Platz 1 der SPIEGEL-Bestsellerliste erreicht, was, wenn sein Werk vom neuen Eco oder Konsalik auf die Ränge verwiesen wird? Tausende hat seine Sabrina schon mit diesen bunten Paradiesvögeln verpraßt! Leo plagen schwere Zukunftssorgen, während sie völlig unbedarft mit Eastbam und den Toten Hosen auf dem Roten Platz abrockt. Er meint die Macht der Finsternis schon zu spüren, die ihre kalten Hände nach ihm und seinen Rubeln ausstreckt… Wer ist in dieser Verbindung Herr, wer der Knecht, muß er sich fragen, und vor allem auch plagt ihn finstere Eifersucht: Wer greift außer ihm nach ihren vollen Formen? Und: Bin ich schon der lebende Leichnam?

BERÜHMT-BERÜCHTIGTE JUNGFRAUEN:

- ◇ Erich Honecker (Ex-Honni) – 25.8.1912
- ◇ Johann Wolfgang von Goethe (Dichter) – 28.8.1749
- ◇ Michael Jackson (der Mann mit der Nase) – 29.8.1959
- ◇ Peter Maffay (»Über sieben Brücken...«) – 30.8.1949
- ◇ Gerhard Wendland (»Tanze mit mir in den Morgen«) – 1.9.1921
- ◇ F.J. Strauß (FJS) – 6.9.1915
- ◇ Chrissie Hynde (»Pretenders«) – 7.9.1951
- ◇ Peter Sellers (Humorist) – 8.9.1941
- ◇ Leo Tolstoi (Dichter) – 9.9.1828
- ◇ Franz Beckenbauer (Teamchef) – 11.9.1945
- ◇ Greta Garbo (Schauspielerin) – 18.9.1905
- ◇ Willy Brandt (Altkanzler) – 18.9. 1913
- ◇ Twiggy (ehemaliger Strich in der Landschaft) – 19.9.1949
- ◇ Sophia Loren (kein Strich in der Landschaft) – 20.9.1934
- ◇ Leonard Cohen (»Suzanne«) – 21.9.1934
- ◇ Augustus (römischer Kaiser) – 23.9.63 v.Chr.

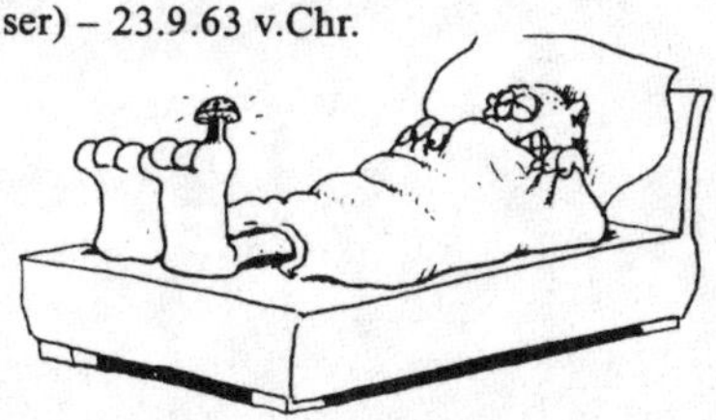

JAVAANSE
JONGENS
Roll your own tobacco!